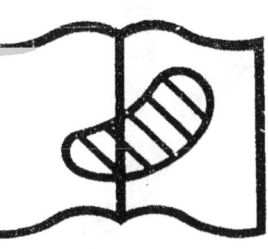
Illisibilité partielle

Contraste insuffisant
NF Z 43-120-14

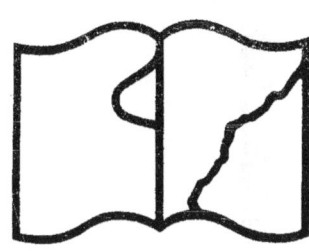
Texte détérioré — reliure défectueuse
NF Z 43-120-11

Valable pour tout ou partie
du document reproduit

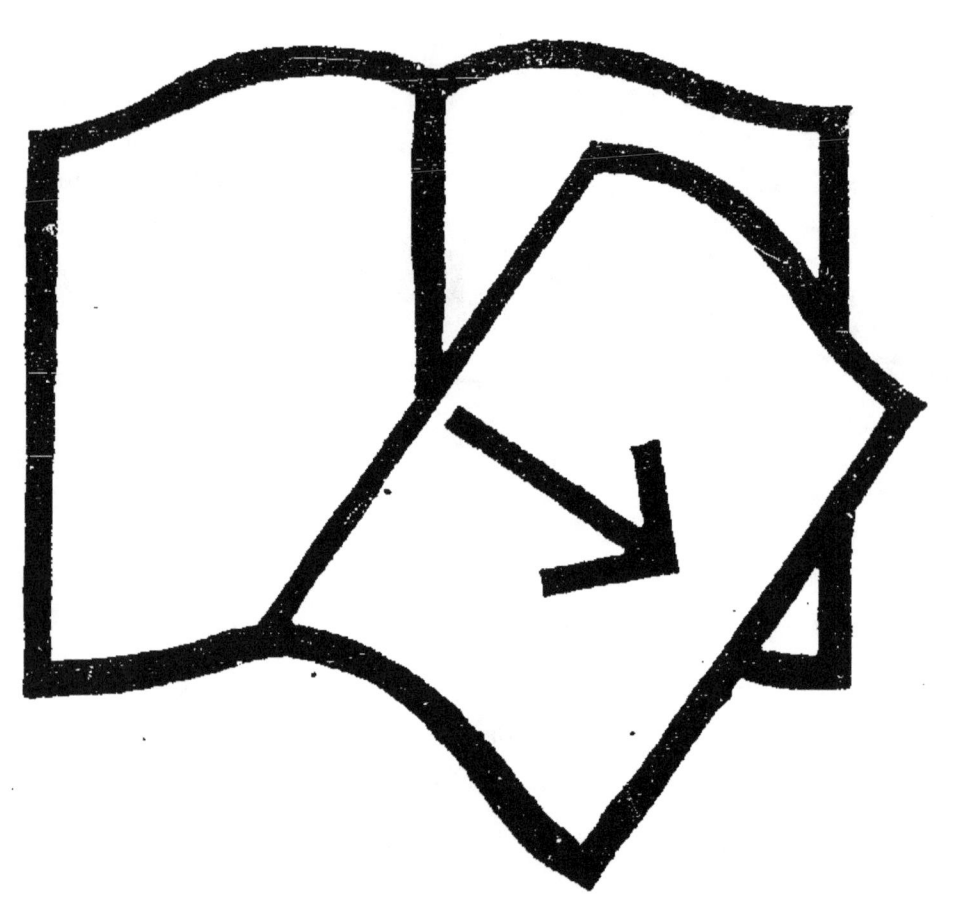

Couverture inférieure manquante

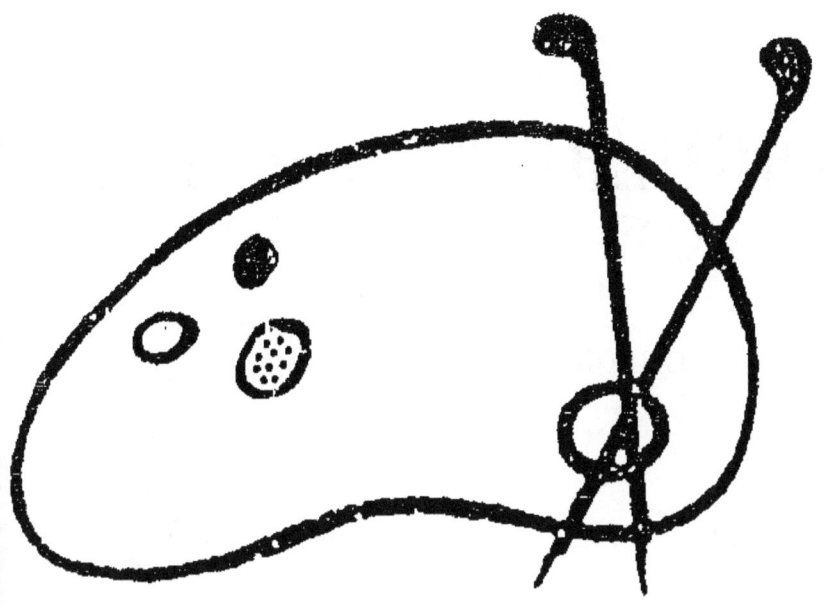

Début d'une série de documents
en couleur

LETTRES INÉDITES

DE

MARGUERITE DE VALOIS

POMPONNE DE BELLIÈVRE

PAR

Ph. TAMIZEY DE LARROQUE

(Extrait des *Annales du Midi*, t. IX, année 1897.)

TOULOUSE

IMPRIMERIE ET LIBRAIRIE ÉDOUARD PRIVAT

45, RUE DES TOURNEURS 45

1897

A mon cher maître et ami,
Monsieur Léopold Delisle,
reconnaissant et affectueux hommage
Ph. Tamizey de Larroque

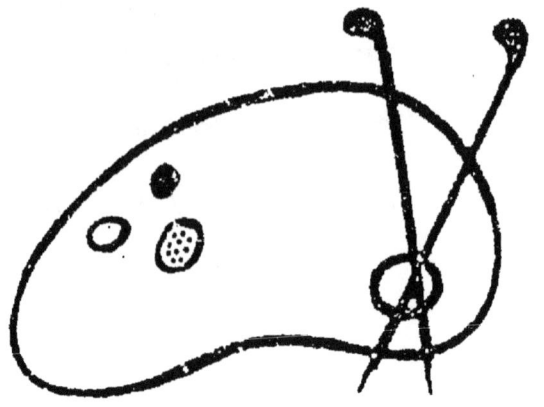

Fin d'une série de documents en couleur

LETTRES INÉDITES

DE

MARGUERITE DE VALOIS

A

POMPONNE DE BELLIÈVRE

PAR

Ph. TAMIZEY DE LARROQUE

(Extrait des *Annales du Midi*, t. IX, année 1897.)

TOULOUSE
IMPRIMERIE ET LIBRAIRIE ÉDOUARD PRIVAT
45, RUE DES TOURNEURS 45

1897

LETTRES INÉDITES

DE

MARGUERITE DE VALOIS

A

POMPONNE DE BELLIÈVRE

Les lettres déjà imprimées de la première femme du roi Henri IV sont assez nombreuses. On en rencontre un peu partout, et, pour ne parler que des principales publications faites en notre siècle, il y aurait à citer, en suivant l'ordre chronologique, les documents insérés par Jules Taschereau, dans la *Revue rétrospective* (t. XVIII); par F. Guessard, dans un des plus agréables volumes de la Société de l'Histoire de France[1]; par Michel Cohendy, archiviste du département du Puy-de-Dôme, dans une brochure peu répandue[2]; par M. Philippe Lauzun, dans le fascicule XI° des *Archives historiques de la Gascogne*[3]. Des séries moins considérables

---

1. *Mémoires et lettres de Marguerite de Valois*. Paris, 1842, in-8°. M. Guessard n'a voulu donner, comme il le dit en tête de sa spirituelle préface, qu'un *choix* de lettres de la reine de Navarre. Ce choix, très bien fait, comprend près de cent cinquante lettres, sur lesquelles trente-six sont inédites.

2. *Lettres missives, la plupart autographes, inédites de la reine Marguerite de Valois*. (Clermont-Ferrand, 1884, in-4° de 29 p.) Il y a là seize lettres adressées à Jacques de la Fin, extraites des archives départementales du Puy-de-Dôme.

3. *Lettres inédites de Marguerite de Valois, tirées de la Bibliothèque*

seraient à relever dans l'édition des *Mémoires et correspondance de Duplessis-Mornay* donnée par Auguis et Fontenelle de Vaudoré (Paris, 1824-1825, 12 vol. in-8°) et dans le splendide *Catalogue de la collection Morrisson* (Londres, in-4°). Enfin, on pourrait encore signaler des lettres éparses, parfois à l'état de simple unité, dans plusieurs recueils périodiques, tels que le *Bulletin du Bouquiniste* (pièce publiée par Édouard de Barthélemy, d'après un autographe de la Bibliothèque de l'Institut, collection Godefroy); le *Bulletin du Bibliophile*, où un excellent travailleur, M. l'abbé Charles Urbain, a réimprimé, en 1891 et 1892, quelques pages de la reine de Navarre sous ce titre : *Lettres oubliées remises en lumière, Henri IV et Marguerite de Valois*[1]; la *Revue de Gascogne*[2], où M. Philippe Lauzun a reproduit (t XXII, 1881) plusieurs lettres aux consuls de Condom (de l'année 1580), et où le vicomte Ch. de La Hitte a donné (livraison d'octobre 1886) une lettre à Roch de Combettes, juge d'Albigeois, écrite du château d'Usson le 14 février 1597, et qui avait déjà vu le jour, ou, pour mieux dire, le demi-jour quelques années auparavant[3]; la *Revue nobiliaire*, où M. Sandret

---

impériale de Saint-Pétersbourg, 1579-1606. (Paris et Auch, 1886, grand in-8° de 53 p.) M. Lauzun a reproduit dans ce fascicule une quarantaine de lettres.

1. Il en a été fait un tirage à part (librairie Techener, 20 p. et 28 p.). A la publication de 1892 appartient une *Lettre de la Reyne Marguerite sur le voyage de leurs Majestez à Poictiers et en Bretagne* (extraite du *Mercure françois*, t. III, Paris, 1616, p. 485); à la publication de 1891 appartient une curieuse pièce extraite des *Fleurs des secrets moraux* du P. François Loryot (Paris, 1644, in-4°), où elle avait été insérée sous ce titre : *Discours docte et subtil, dicté promptement par la Royne Marguerite et envoyé à l'autheur des Secrets moraux*. M. l'abbé Urbain a intitulé son piquant article (p. 4) : *Un plaidoyer en faveur du sexe faible*.

2. Réunies dans un tirage à part sous ce titre : *Lettres inédites de Marguerite de Valois (1580), tirées des Archives de la ville de Condom* (Auch, 1884, grand in-8° de 40 p.).

3. *Études historiques et documents inédits sur l'Albigeois, le Castrais*, etc., par Cl. Compayré (Albi, 1841). M. de La Hitte dit (p. 458) que « le livre est assez peu connu pour qu'il n'y ait point trop d'irrévérence à y voir un de ces *in pace* où les documents reposent dans l'oubli du tombeau. »

(livraison de janvier 1870) a mis une lettre inédite à la comtesse de Moret, écrite avec infiniment trop peu de dignité, et qui débute par cette déclaration dont la platitude est attristante : « Madame la comtesse, estant obligée d'honnorer tout ce que le roy ayme, j'ay desiré en vous rendant cet agreable devoir estre recongnue de vous pour celle du monde qui se resjouit davantage de vostre glorieuse fortune... »; la *Revue des Questions historiques* (livraison du 1er janvier 1870), où celui qui trace ces lignes a publié plusieurs lettres nouvelles de la reine de Navarre, notamment une fort remarquable à l'archevêque de Bordeaux, le cardinal de Sourdis [1].

A ces lettres et à toutes celles que j'oublie ou que je n'ai jamais eu l'occasion de connaître, je viens en ajouter un peu plus d'une vingtaine qui furent adressées à Pomponne de Bellièvre, le futur chancelier de France, pendant le premier séjour de Marguerite en Gascogne (1579-1582) et pendant son second séjour en cette province (1583-1585). Ces documents sont pour la plupart remplis d'intérêt; ils jettent une lumière, sinon nouvelle, du moins plus vive, sur une des plus dramatiques périodes d'une vie qui fut si agitée. On trouvera dans cette correspondance, qui complète aussi bien les *Mémoires* de la reine de Navarre que l'ensemble de ses lettres déjà publiées, de très curieux détails soit sur elle-même, soit sur divers personnages célèbres, parmi lesquels figure en première ligne le futur Henri IV, qui, s'il fut un des meilleurs de tous les rois, fut, il faut bien en convenir, un

---

[1]. Mentionnons, de plus, quelques lettres isolées dans des ouvrages divers, par exemple dans le *Recueil des lettres missives de Henri IV* (t. I, 1843, p. 698, note 1, au maréchal de Matignon, de la fin de l'année 1584); dans les *Vieux papiers du château de Cauzac, documents inédits* (Agen, 1882, in-8°, p. 97, à Balthazar de Thoiras, seigneur de Cauzac, qui passe pour avoir été un des mille et un éphémères *amis* de sa royale correspondante, d'Usson le 10 septembre 1596); dans l'*Histoire de Marguerite de Valois*, par Leo de Saint-Poncy (Paris, 1887, in-12, t. I, p. 143, au Parlement de Rouen, du 11 novembre 1572). Un autre biographe, Mongez, avait déjà, au siècle dernier (Paris, 1778, in-8°), orné son livre d'une lettre de Marguerite, que je cite seulement de mémoire, ne possédant plus le volume.

des plus mauvais de tous les maris. On n'appréciera pas seulement dans les nouvelles lettres la valeur des informations fournies sur les hommes et sur les événements, mais encore l'agrément littéraire des récits. Sans aller aussi loin que Brantôme, qui, dans son enthousiasme d'*amoureux*, mettait au-dessus de tout le talent épistolaire de la plus brillante de ses héroïnes [1], on reconnaîtra une fois de plus, en lisant les nouvelles pages de la correspondance avec Pomponne de Bellièvre, que peu de lettres, au seizième siècle, sont aussi bien tournées que les siennes. J'ose espérer que mon petit recueil trouvera auprès du plus grand nombre des lecteurs quelque peu du succès qu'obtint auprès de Pellisson, la première fois qu'il lut les *Mémoires*, l'entraînante prose de celle qui, soit comme écrivain, soit comme femme, a doublement mérité d'être surnommée la séduisante Marguerite [2].

[1]. Même au-dessus du talent qui distingue les *Epîtres de Cicéron* (les professeurs de rhétorique le lui pardonneront-ils jamais?). Laissons-là les exagérations du galant chroniqueur périgourdin et rabattons-nous sur la judicieuse appréciation d'Eugène Jung, dans sa thèse de doctorat sur *Henri IV, écrivain* (Paris, 1855, in-8°, p. 275) : « Marguerite de Valois avait un style clair, spirituel et si français, qu'il annonce quelquefois celui de Voltaire. »

[2]. A la suite des lettres à Pomponne de Bellièvre, j'ai réuni en un petit appendice quelques autres lettres inédites de Marguerite, une à sa mère, deux à son frère Henri III, et une à l'amiral de Villars.

I.

Monsr de Bellievre, le Roy mon seigneur et frere m'a accordé la continuation de la jouissance et perception du revenu que je prenois cy devant pour mon dot[1] sur les receptes generalles de Rouen et de Tours, pour ceste annee seullement, jusques à la somme de soixante mil tant de livres, en consideration que les terres qu'il m'a baillees par deca pour et au lieu dudit revenu et commutation de l'assignation de mon dot sont pour la pluspart occuppees par ceulx de la religion pretendue refformee, y estant encor la guerre toute ouverte, de sorte qu'il est impossible que je puisse tirer la moictyé du revenu d'icelles. Et combien que je sois assez asseuree de vostre bonne affection envers moy, et que selon icelle et suivant l'intention du Roy, mon dit seigneur et frere, vous m'assisterez en cest endroit de vostre bonne ayde et auctorité, si vous en ay je bien voullu faire la presente pour vous prier, comme je fais affectueusement, Monsr de Bellievre, voulloir vous employer et faire en sorte que je puisse sans aucune longueur et difficulté joyr dudit revenu pour ceste annee seullement, tout ainsi et en la mesme forme et maniere que j'en ay cy devant joy; et que par ce moyen la grace et le secours que le Roy m'a liberallement accordee en cest endroit ne me soit inutile et sans en recepvoir le fruit que je m'en promectz de sa bonté, moyennant vostre

---

[1]. Marguerite dit, dans ses *Mémoires*, à l'année 1578 (p. 156 de l'édition Guessard), au sujet de son frère Henri III : « Il m'oblige de toutes sortes de bienfaits, me donnant, suivant la promesse que la Reyne ma mere m'en avoit faicte à la paix de Sens, l'assignat de mon dot en terres, et oultre cela la nomination des offices et benefices. » Voir dans les *Archives historiques du département de la Gironde* (t. XXIX, 1894, p. 163), les *Lettres patentes du roi Henri III donnant à sa sœur la reine Marguerite l'Agenais, le Rouergue, les jugeries de Verdun, Rivière et Albigeois, les comtés de Quercy et de Gaure, pour lui tenir lieu des 67,500 livres de rente constituant sa dot.* (18 mars 1578.)

ayde et entremise. Vous asseurant que vous ne ferez pas peu pour moy en cela, actendu la grande necessité de mes affaires et la despence qu'il m'a convenu et convient faire en ce voyage[1]. Aussi vous en auray je bien estroicte obligation, pour m'en ressentir en tout ce que je pourray pour vostre bien, adventaige et contantement. Et ce pendant, je prieray Dieu vous donner, Monsr de Bellievre, sa tres saincte et digne grace.

Escript au Port Saincte-Marie, le xme jour de janvier 1579[2].

Vostre nilleure (sic) amie,
MARGUERITE.

[1]. On lit dans les *Mémoires-Journaux* de Pierre de l'Estoile (édition Jouaust, t. I, p. 263) : « Le samedi 2e aoust [1578], la Royne de Navarre partit du chasteau d'Olinville pour prendre le chemin de Gascongne (à son grand regret et corps defendant), selon le bruit tout commun. » Catherine de Médicis et sa fille étaient arrivées à Bordeaux le 21 septembre. Cette date est indiquée par Jean de Gaufreteau. » (*Chronique bordelaise*, t. I, 1876, p. 204.) Gabriel de Lurbe s'était contenté de dire sous l'année 1578 : « Marguerite, Reyne de Navarre, sous la conduite de la Reyne sa mere, fait son entrée solennelle à Bourdeaux, et de là est menée au Roy son mary. » Les deux reines séjournèrent à La Réole du 2 au 8 octobre, au matin, avec le roi de Navarre. Des articles furent accordés dans cette ville entre Catherine et son gendre, le dimanche 5 octobre. Voir sur le séjour à La Réole les *Mémoires* de Marguerite, p. 157. Les princesses étaient à Sainte-Bazeille le 8 octobre dans la soirée, à Tonneins le lendemain, à Port-Sainte-Marie le 10 octobre, à Agen le 11 octobre et jours suivants. On trouvera beaucoup de détails sur ces voyages dans le t. VI des *Lettres de Catherine de Médicis* (sous presse), et dont le savant éditeur, M. le comte G. Baguenault de Puchesse, digne successeur de feu le comte Hector de La Ferrière, m'a très amicalement communiqué les épreuves.

[2]. Ce fut à plusieurs reprises que Marguerite séjourna à Port-Sainte-Marie (chef-lieu de canton de l'arrondissement d'Agen). Dans une lettre à la duchesse d'Uzès, écrite de Nérac à une époque indéterminée (édition Guessard, p. 206), elle dit : « Je me suis ces jours passés retrouvé au port Saincte-Marie, lieu tant connu et remarqué de vous, où je n'ay passé sans me ressouvenir de vous et de vos propheties. » Dans une lettre précédente (*ibid.*, p. 202), elle prie son amie de lui envoyer « de la poudre que me donnastes au port Sainte-Marie, car je ne trouve rien de meilleur pour les enfeveures, à quoy je suis à cette heure un peu sujette. » Au moment où la belle reine se plaignait de cette petite maladie de peau, elle était encore presque dans toute la fleur de son âge, ayant à peine vingt-six ans, quand elle vint pour la première fois en Gascogne.

[De la main de la Reine.] Je vous prie, Monsr de Believre, me faire an ceci aparoitre que m'estes ami comme me l'avés asuré[1].

II.

Monsieur de Bellieve (*sic*), je vous ay cy devant escript et faict entendre comme le Roy, mon seigneur et frere, m'avoit liberallement accordé la continuation de la jouissance et perception du revenu que je prenois cy devant pour mon dot sur aulcune recepte generalle de ce royaume, pour ceste annee seullement. Sur quoy je vous priois bien instamment de faire avecq Messrs des finances que, sans aulcune nouvelle assignation, je prinsse ledit revenu en la mesme forme et maniere que j'ay faict cy devant, et par les mains des receveurs generaulx, et non autrement. Neantmoings j'entendz que en vertu du mandement du tresorier de l'Espargne, on me veult assigner sur quelque autre nature de deniers, qui seroit me mettre en la plus grande longueur et difficulté qui soit, et ung secours trop tardif à l'urgente necessité de mes affaires qui requierent ung plus prompt et plus certain remede qui soit pour me tirer promptement de la necessité presente. Au moyen de quoy scachant que l'intention du Roy, mon dit seigneur et frere, est que j'en sois dressee selon le placet qu'il luy a pleu m'en accorder, je me suis advisee, me confiant de vostre bonne volonté et affection envers moy, de vous faire encore ceste recharge par le s^r de Stors, general de mes finances[2], que j'envoye exprés par dela, tant pour faire entendre la necessité de ma maison que pour vous prier, comme je faictz affectueusement, Monsr de Bellieve, m'assister en cest affaire de voz bons offices accoustumees (*sic*) et moyenner envers lesdicts s^{rs} des finances que je preigne ledit

---

1. Bibliothèque Nationale, f. fr. 15905, f° 252.
2. « Monsieur de Stors » est mentionné dans la « Reponse de Monsieur de Pibrac, de Paris, ce 1er octobre 1581 », à la lettre fameuse de Marguerite « au sieur de Pibrac. » (Voir édition Guessard, p. 267.)

revenu par les mains desdits receveurs generaulx, comme j'ay faict cy devant, sans me remettre au mandement du tresorier de l'Espargne : qui seroit m'oster l'esperance de tirer aulcun fruict de la grace et liberallité que le Roy pense m'avoir faict en cella. Vous asseurant que vous ne me pourrez faire plaisir plus à propos et dont je vous aye plus estroicte obligation, avecq une bonne volonté de m'en revancher par toutes les occasions qui s'en pourroient presenter, ainsi que vous dira de ma part led. s^r de Stors, lequel je vous prie croire sur ce comme vous feriez moy mesme. Priant attant (*sic*) Dieu qu'il vous ayt, Monsieur de Bellieve, en sa tres saincte et digne garde.

Escript au Port Saincte Marie le second jour de febvrier 1579.

Vostre milleure (*sic*) anie (*sic*),

MARGUERITE.

[De la main de la Reine.] L'asurance que m'aves faite de m'estre ami me fait asurer que vous anploirés pour moi an sesi que je mestree péine de reconnoitre an toute aucasion [1].

---

[1]. Bibliothèque Nationale, f. fr. 15905, f° 275. Les trois lignes autographes du *post-scriptum* donnent raison à celui qui disait plaisamment que l'orthographe de Marguerite était aussi déréglée que sa vie. Ajoutons, du reste, qu'en ce qui regarde l'irrégularité de la forme des mots, les deux époux étaient dignes l'un de l'autre. Berger de Xivrey a très justement signalé (*Lettres missives*, t. I, p. 296, note 1) les « fautes d'orthographe habituelles » du bon Henri IV, et E. Jung (*Henri IV écrivain*, p. 60), s'exprime ainsi sur ce point : « On est surtout étonné des bizarres caprices de l'orthographe. Henri IV l'écrivait à peu près comme l'écrira plus tard le maréchal de Saxe ; il est vrai que de son temps elle n'était pas fixée. Cependant il prend là-dessus les libertés les plus illimitées, non dans la jeunesse, mais à partir du moment où il compte comme chef armé des réformés, vers vingt-sept ou vingt-huit ans. Sa puissance, en grandissant, s'étend sur l'orthographe, et il se permet, en vrai monarque, les plus singulières fantaisies. » Jung, après avoir donné (p. 61) divers exemples des débauches en ce genre du roi Henri IV, ajoute : « On ne finirait pas à signaler toutes ces singularités orthographiques. »

III.

Monsr de Bellievre, ceste est la troiziesme recharge que je suis constraincte vous faire pour ung mesme faict, en quoy il fault que je confesse que je vous suis importune. Mais si vous avez bien entendu la necessité de ma maison, suivant la charge qu'en avoit de moy le sr de Stors, general de mes finances allant par dela, et sceu, ainsi que vous avez peu veoir, les longueurs et difficultez que font Messrs des finances de me laisser joyr de la continuation de la jouyssance et perception du revenu que je prenois cy devant sur les receptes generalles de Tours et Rouen, qu'il a pleu au Roy, mon seigneur et frere, m'accorder pour ceste annee seullement, et pour les considerations que vous avez entendues, vous jugerez que je n'ay que trop d'occasion de me plaindre de tant de longueurs et de ne vous laisser aucunement à repoz que ce bienffaict ne soit promptement et heureusement succeddé, car je scais que au pouvoir et auctorité que vous avez au Conseil des finances que si vous voullez m'assister de voz bons offices que je seray bientost satisfaicte pour ce regard. Je vous prie donc, Monsr de Bellievre, encores ceste fois aussi affectueusement que je puis moienner et faire en sorte que je ne sois frustree de ceste grace et liberalité du Roy, ains que j'en sois promptement assignee et payee en la mesme sorte et maniere que j'ay esté cy devant ; et qu'en ce faisant j'aye occasion de continuer en la bonne opinion que j'ay eue jusques icy de vostre bonne volunté envers moy, qui requiert que les effectz soient correspondans aux parolles. Et ce me sera obligation de m'en ressentir en ce que je pourray pour vostre bien et contantement, dont attendant l'occasion, je prieray Dieu cependant qu'il vous ayt, Monsr de Bellievre, en sa tres saincte et digne garde.

Escript à Nerac le dernier jour de febvrier 1579[1].

Vostre milleure amie,
MARGUERITE.

---

1. On connaît le passage si souvent cité des *Mémoires* où, dans l'année

[De la main de la Reine.] Monsieur de Believere, le sieur de Setor (*sic*) m'a fait antandre la bonne voulonté an laquele vous estes pour mes aferes. Je vous prie i continuer et croire que je n'an seré ingrate[1].

IV.

Monsieur de Bellievre, le Roy, mon seigneur et frere, m'a assigné des l'annee derniere de la somme de trois mil huict escuz six solz huict deniers tournois sur la recepte generalle de Guienne, pour le revenu des greffes de Perigueux, qu'il m'avoit donnez, dont je n'aurois peu jouyr, à cause du bail à ferme faict au general de Gourgues[2] de tout le dommaine de Guienne, suivant laquelle assignation mandement auroit esté expedié aux tresoriers generaux des finances audit pais de Guienne me faire paier icelle partie. Laquelle toutes fois je n'aurois peu recevoir, au moyen que on auroit recullé le paie-

---

1579, Marguerite vante son séjour à Nérac, « où nostre cour estoit si belle et si plaisante, que nous n'envions point celle de France » (édition Guessard, p. 163), et le passage encore plus charmant où elle décrit poétiquement (p. 164) le « tres beau jardin qui a des allées de lauriers et de cyprez fort longues », et dans le parc formé par Marguerite, laquelle est la véritable créatrice de la délicieuse *Garenne* de Nérac, surnommée la plus belle des promenades de France, d'autres « allées de trois mille pas qui sont au long de la rivière [la Baïse]. » Les mêmes allées reparaissent dans ce passage des *Mémoires de Michel de la Huguerye* publiés par le baron de Ruble (t. II, 1878, p. 207) : « Le lendemain matin, S. M. [le roi de Navarre] me faist appeller et conduire en son jardin où je le trouvay en la grande allée des lauriers. Et congneu qu'il me fist longtemps promener avec lui exprès pour me faire voir au s^r de Belièvre que je vey au bout de lad. allée, venu vers luy pour négotier la réconciliation de la reyne sa femme. Et peu après S. M. me mena en sa sale de lauriers. »

1. Bibliothèque nationale, f. fr. 15905, f° 282. Notons dans le *post-scriptum* l'*i* à la place de l'*y*. C'est le contraire dans les lettres autographes d'Henri IV, où, selon la remarque de E. Jung (p. 60), « l'*i* est partout et toujours remplacé par l'*y*, et ne trouve de refuge, quand il le trouve, que dans le mot *Dieu* : *Yntymider, ynfirmité, ynfynymant, yllegytymes, foysoyt* ».

2. C'était Ogier de Gourgues, baron de Vayres, mort en octobre 1594, frère de Dominique de Gourgues, le héros de la Floride.

ment de la dite somme par estat faict au commancement de ceste annee jusques à la fin d'icelle. Et d'aultant que j'ay faict estat de ceste somme pour satisfaire à partie de la despence que je fais en ce voyage, j'ay bien voullu vous prier par la presente, comme je fais affectueusement, Monsr de Bellievre, voulloir vous employer et faire en sorte, suivant l'affection et bonne volunté que vous me portez et au bien de mes affaires, que j'en puisse estre payee promptement. Vous asseurant que j'auray souvenance du plaisir que me ferez en cest endroit, pour m'en revancher en toutes les occasions qui s'en presenteront d'aussi bon cueur que je prie Dieu, Monsr de Bellievre, vous avoir en sa saincte et digne garde.

Escript de l'au ce xxx° jour de may 1579[1].

Vostre milleure amie,
MARGUERITE.

[De la main de la Reine.] Monsr de Believre, je vous prie faire despaicher cete afere, an quoi me ferés fort grant plaisir que je reconnoiteré où l'aucasion m'en sera oferte[2].

V.

Monsieur de Believre, j'ai su par Monsieur de Biragues[3] le (sic) bons ofises que m'avés fais à l'anderoit du roi mon mari,

---

1. Marguerite raconte dans ses *Mémoires* (année 1579, p. 159 de l'édition Guessard) que le roi de Navarre et elle conduisirent Catherine de Médicis « jusques à Castelnaudary, où prenants congé d'elle, nous nous en revinsmes à Pau en Bearn... » Elle dit un peu plus loin (p. 162) qu'elle y fut très malheureuse à cause de sa rivale auprès du volage roi de Navarre, Mlle Rebours « qui estoit une fille malicieuse, qui me faisoit tous les plus mauvais offices qu'elle pouvoit », ajoutant : « En ces traverses, ayant tousjours recours à Dieu, il eust enfin pitié de mes larmes, et permist que nous partissions de ce petit Geneve de Pau, où, de bonne fortune pour moy, Rebours y demeura malade. »

2. Bibliothèque nationale, f. fr. 1ᵏ 905, f° 335.

3. C'était Charles de Birague, conseiller d'État, frère du chancelier de France, le cardinal René de Birague. Avec Pomponne de Bellièvre, il travailla fort activement à l'œuvre très difficile de la réconciliation du roi et de la reine de Navarre.

ce que je vous suplie de croire que je resans infinimant et reconnoi bien conbien la paine qu'avés prise pour moi m'a servi, mes encore qui [pour qu'*il*] sanble que cela ce doivve apeler inportunité, après avoir resu un bien, de prier ancore pour un autre, me resouvenant de la bonne voulonté, que m'avés montree, je vous suplieré, comme m'avés obligee de desa, m'obliger ancore du coté de la Court, faisant an sorte que les choses s'aconmodet de tele fason que je puise voir le roi mon mari que je sai de tres bon lieu i estre resolu, mes il ne veut que l'on puise dire que c'est (*sic*) esté par forse, comme vous le voirés par le double de la lettre qui [pour *qu'il*] m'escrit[1] que M*r* de Birague vous anvoie et vous escrit particulieremant, toute chose qui m'anpaichera vous an faire redite. Bien vous vouderoi-je suplier de vouloir faire tant pour moi que Monsieur de Birague, qui a pris tant de paine pour moi et a si bien servi le Roi an ce voiage et tout autre lieu, ne resut tant de perte à mon aucasion, aiant fait tant de despanse, et qu'il pleut au roi i avoir esgart, et fallant [c'est-à-dire manquant] à la serimonnie du Saint Esprit qui [pour *qu'il*] n'i perdit ce qui li ont (*sic*, pour ce qu'il y a, ce qui lui revient][2], je vous suplie an escrire et vous i anploier et croire que m'obligerés plus sant [pour *cent*] fois que si c'etoit pour moi mesme, qui vous suplie croire que je ne dessire (*sic*) rien plus que de me revancher des obligations que je vous ai. Que s'il s'an oferoit [pour *offroit*] quelque ocasion, je le tienderois o [pour *au*] plus grant heur qui me peut arriver, priant Dieu, Monsieur de Blievre (*sic*), qui vous donne heureuse et longue vie.

Vostre afectionnée et milleure amie,
MARGUERITE[3].

1. Le *Recueil des lettres missives* ne contient aucune lettre adressée à Marguerite et roulant sur ce sujet délicat.
2. Charles de Birague fut chevalier des ordres du roi.
3. Bibliothèque Nationale, f. fr. 15907, f° 754. Cette lettre et les lettres suivantes n'ont pas de date, et je me décide à les imprimer dans l'ordre même où elles sont rangées.

VI.

Monsieur de Believre, aiant Monsieur de Bir[a]gue voulu prandre cete paine pour moi de faire ce voiage, qui estoit de mon devoir, n'aiant osé fallir de faire antandre o roi mon mari le retour du chevalier Selviati (*sic*)[1] que j'avois anvoié par son conmandement et l'ocation [pour l'*occasion*] qui me fait nonobsetant (*sic*) son conmandement ausi avanser vers lui, j'ai pansé que connoisant conbien est grant mon annui et la paine que je suporte que vous escuserés mon inportunité si, ancore que je sois tres certene de la pitié que vous avés de ma misere et de la bonne voulonté qu'avés de m'an tirer, je vous inportune ancore par cete letre pour vous an solisiter et vous suplier ne vous laser de m'obliger et croire que je resans telemant l'heur que ce m'est qu'aiés eu cete commition que rien ne me saroit arivé de quoi je m'estime plus heureuxse et me promeste plus de bien ne souhetant rien plus qu'un moien de m'an revancher et vous tesmongner par esfait conbien je vous suis aquise. Je trouve la despaiche que vous avés faite à la court sur celui qui est pasé extrememant bonne. S'il il (*sic*) s'i gouvernet insi, il n'an arrivera que bien. Je crains infinimant les avertisemans doubles : je vous suplie, remesdiés i, car l'on me mande de Paris que l'on s'an parle conme par aquit. Si celui à qui vous avés à faire sait cela, jamès vous n'an tirerés bonne resolution. Or je remès tout à vostre prudanse et prie Dieu vous i vouloir donner un sucsès ausi heu-

---

1. Marguerite mentionne dans ses *Mémoires* (à l'année 1577, p. 118 de l'édition Guessard) le « chevalier Salviati, mon premier escuyer. » L'éditeur a mis sous ce passage la note que voici : « François Salviati, grand-maître de l'ordre de Saint-Lazare, chef du conseil de la reine de Navarre, son premier écuyer, et chambellan du duc d'Anjou. » Le roi de Navarre parle du « chevalier Salviati » dans un billet adressé au maréchal de Matignon vers le commencement d'août 1583. (*Recueil des lettres missives*, t. I, p. 566.)

reux que il a fait an tout ce qu'avés jamés antrepris et qu'a-
mi a besoin.

Vostre milleure et plus asuree amie,
MARGUERITE[1].

VII.

Monsieur de Believre, je suis tres marie de vous estre si
souvant inportune. Toutesfois comme à celui que je sais qui
m'est ami et qui sest [pour *sait*] la nesesité de mes afaires, je
vous diré librement qu'aiant prié Monsieur de Birague de
prandre la paine de se (*sic*) voiage qui m'estoit nescessère (*sic*)
[pour *nécessaire*] et qui ne ne (*sic*) poura que servir à l'avan-
sement de nostre negosiation, j'euse bien dessiré, comme il
leut esté (*sic*) tres raisonnable, estant pour moi et sachant la
despanse et inconmodité qui la eue [pour *qu'il a eue*] pour
m'aconpagner, lui donner moien pour fournir à la despanse
[de] ce voiage, mes an aiant si peu, comme vous le savés trop
bien, je n'ai peu esfectuer ma voulonté ; qui me fait vous
suplier, considerant ausi qui li va du servise du roi ausi
bien que de mon particulier, vouloir faire an sorte que l'on
le lui poie. Je tienderè cete obligation pour une des plus
grandes que je sarois resevoir et m'asurant tant de vostre
bonne voulonté et an mon nendroit (*sic*) et au sien, je finiré,
priant Dieu, Monsieur de Believre, vous donner toute felisité.

Vostre milleure et plus asuree amie,
MARGUERITE[2].

VIII.

Monsieur de Believre, j'ai su de Monsieur de Lusignan [3]
comme vous estiés parti pour retourner à Bordaux et n'ai

---

1. Bibliothèque Nationale, f. fr. 15907, f° 762.
1. Bibliothèque Nationale, f. fr. 15907, f° 763.
2. Ce personnage, appelé « Monsieur de Lesignan » dans un billet du
roi de Navarre (juillet 1578) à « Mr de l'Estelle » (*Lettres missives*, t. I,

toutefois su aucunes nouveles du segneur Carles[1], mes par ce que j'ai apris de Monsieur de Luisignan, ses granisons (*sic*) nouvelles sont venues bien à propos pour ceux qui dessirent tenir mes aferes an longeur vous connoisés de toux tans leur desfianses. Je vous suplie, escusés les aireurs [*sic* pour *aigreurs*] qu'ariés peu remarquer et ne vous lasés de bien faire et pour le servise du roi et pour tirer de paine une miserable qui resantira esternelemant une si grande obligation, et par la despaiche que vous ferés, ce qui li pouroit avoir d'esgreur, selon vostre prudanse acoutumé, je vous suplie l'adousir. M. de Lusignan m'a dit forse honnestes paroles de la part du roi mon mari qui me prie ne m'annuier point de ses longeurs et ne les prandre en mauvesse part, que ce n'es[t] faute de bonne voulonté ni d'amitié an mon androit[2], mes que je dois dessi-

---

p. 180), dans une lettre à Catherine de Médicis du 29 juillet 1579 (*ibid.*, p. 237), dans des lettres à Henri III et au duc d'Alençon du même mois (pp. 240-242), et dans un billet à « Mr de Bellievre » du 21 décembre 1582 (*ibid.*, p. 490), était Henri de Lusignan, fils de Jean de Lusignan. C'était un des serviteurs dévoués du futur Henri IV dont il était le coreligionnaire. Capitaine de cinquante hommes d'armes des ordonnances, il fut gouverneur de la ville et du château de Puymirol. (Voir sur Henri de Lusignan et sa famille les *Documents inédits pour servir à l'histoire de l'Agenais*. Agen, 1875, in-8º. pp. 175-181.)

1. Ce *seigneur Carles* n'était autre que *Charles* de Birague, déjà nommé.
2. S'agirait-il là de la fameuse Lettre « A la royne de Navarre, ma femme », du 10 avril 1580 (*Recueil* Berger de Xivrey, t. I, p. 285), laquelle débute ainsi : « M'amie, encores que nous soyons vous et moy tellement unis, que nos cœurs et nos volontez ne soyent qu'une mesme chose, et que je n'aye rien sy cher que l'amityé que me portés... » ? Henri parle, dans cette lettre, de Henri de Lusignan : « Je vous prie, M'amie, commander pour vostre garde aux habitans de Nerac. Vous avés là Monsr de Lesignan pour en avoir le soing, s'il vous est agreable, et qui le fera bien. » Henri termine en ces termes, qui semblent émaner du plus tendre de tous les maris imaginables : « Cependant aimés-moy tousjours comme celuy qui vous aime et estime plus que chose de ce monde. Ne vous attristés poinct; c'est assés qu'il y en ayt un de nous deux malheureux, qui neantmoins en son malheur s'estime d'aultant plus heureux que sa cause devant Dieu sera juste et equitable. Je vous baise un million de fois les mains. » Notons, en passant, que le roi Henri usait de la même éclectique formule au bas des lettres qu'il écrivait à Corisande d'Andoins, comtesse de Gramont, à Gabrielle d'Estrées, marquise de Monceaux, puis duchesse de Beaufort, etc.

rer pour nostre bien et honneur de toux deux qui l'an [pour *qu'il en*] eust ains[i] et que soudin que vous arés donné ordre à ce qu'il vous a dit qui [pour *qu'il*] me voira et qui m'escrira par le segneur Carles. Despuis Jernac[1] je n'an avois pas tant eu. Cela me fait bien reconnoitre les bons ofises que m'i avés fais et conbien vostre voiage m'i a servi, de quoi je vous suplie croire que je vous demeurerè perpetuelemant obligée. J'escris à la roine pour lui faire antandre ce si [pour *ceci*], suivant le conmandemant qu'ele m'a fait de lui mander tout ce qui me survienderoit, et ausi pour la remersier de ce que du Lorans[2] m'a dit qui [pour *qu'il*] lui avoit pleu escrire à M^r le mareschal[3] et à vous. Je vous suplie lui faire tenir ma letre, si vous y faites une despaiche, et vouloir prandre la paine de m'escrire an quel estat vous avés laisé toutes choses (*sic*) avec le roi mon mari. J'ai ballé [pour *batllé*] un laquais à ce porteur qui [pour *qu'il*] me ranvoira. Si me voulés tant obliger, je vous suplie de croire que je n'aré jamès plus grant dessir que de vous tesmongner par esfait mon peu d'ingratitude et conbien je vous suis pour jamès

---

1. Jarnac, le bourg d'Angoumois, célèbre par la bataille du 13 mars 1569 si admirablement racontée dans le tome Ier de l'*Histoire des princes de la maison de Condé*. Rappelons que le roi de Navarre était à Jarnac le 23 février 1562. (*Lettres missives*, t. I, pp. 440, 441.)

2. On ne peut songer à identifier ce *du Laurens* avec les deux médecins, André du Laurens et son frère, souvent mentionnés dans le *Recueil des Lettres missives*, t. V, VI, IX.

3. Le maréchal Armand de Gontaut, baron de Biron, qui allait être remplacé, en 1581, par le maréchal de Matignon dans le gouvernement de la Guyenne. Marguerite a plusieurs fois parlé de Biron dans ses *Mémoires*, notamment (p. 465) où elle l'appelle « grand cappitaine » (p. 469), où elle raconte (année 1580) que le maréchal fit « tirer sept ou huict volées de canon dans la ville [de Nérac], dont l'une donna jusques au chasteau » [habité alors par la narratrice]. La reine offensée ajoute : « En toutes aultres occasions, monsieur le mareschal de Biron m'avoit rendu beaucoup de respect et tesmoingné de m'estre amy. » Voir dans le *Recueil* Lauzun une lettre spéciale à Catherine de Médicis sur le maréchal de Biron (de 1580, p. 46).

aquise, et prie Dieu, Monsieur de Believre, vous donner toute felisité.

Vostre afectionnee et plus asuree amie,
MARGUERITE [1].

IX.

Monsieur de Believre, le jantillonme que j'avois anvoié vres [pour vers] le roi mon mari à vostre partemant est revenu, qui m'a aporté letres de lui où il se plaignoit fort de la fason de quoi l'on s'usoit à faire sortir les conpagnies [2], et me prioit de croire que le tans lui an duroit autant qu'à moi. Il vous escrit ; je vous anvoie les letres dans ce paquet. Je me deslibere lui despaicher un jantillonme soudin que la conpagnie sera sortie. Mr le senechal [3] m'a asuré que ce seroit demain. Il me sanble qui [pour qu'il] sera plus à propos que je lui mande : ele est dehors que : ele sortira, car ce seroit toujours (sic)

---

1. Bibliothèque Nationale, f. fr. 15907, f° 764.
2. Il s'agit des compagnies qui étaient dans les villes d'Agen, de Condom, et dont il est souvent question dans les *Lettres inédites du roi Henri IV au chancelier de Bellièvre*, publiées par E. Halphen. (Paris, Aubry, 1862, pp. 5, 13, 19, 41, etc.)
3. Le sénéchal d'Agenais était alors François de Durfort, baron de Bajaumont, qui avait succédé, en 1572, à Guy de Lusignan de Saint-Gelais. Ce fut sans doute son fils — car le père eût été trop vieux pour cet emploi ! — qui passa pour être un des favoris de la reine de Navarre. (Voir sur Bajaumont le père les *Documents inédits pour servir à l'histoire de l'Agenais*, pp. 114, 129, etc.) Marguerite (Lettre à Henri III, du 19 mai 1607, édition Guessard, p. 435) annonce qu'elle a donné une abbaye « à Monsieur de Bajomont », [le fils du sénéchal], décernant cet éloge à la famille de son protégé et à lui-même : « Tous les siens ont tousjours servy le Roy vostre père et Vostre Majesté, et ceux qui restent suivront tousjours ce mesme devoir... » L'éditeur a cité en note un mot piquant du roi Henri IV sur Bajaumont malade, mot rapporté par Pierre de l'Estoile (non en avril, mais en mai 1607), édition Jouaust, t. VIII, p. 302. Dans la même note, il renvoie le lecteur à un poème du temps, intitulé : *Le petit Olympe d'Issy*, composé par le médecin Michel Bouteroue (1609, in-8°), plaquette très rare où sont chantés à la fois les beaux jardins d'Issy, Marguerite et... Bajaumont.

redire une mesme chose. Je crois que le sieur Prallon [1] vous an raportera toute resolution : Dieu veulle qu'ele soit bonne. Si je pansois estre propre à vous servir an quelque chose, je m'i ofrirois, mes me reconnoisant trop miserable, o [pour *au*] moins m'an conserveré je la voullonté et de vous demeurer.

Vostre afectionnée et milleure amie,

MARGUERITE [2].

X.

Monsieur de Believre, j'ai resu despuis vostre partement des létres de la roine par lesqueles ele me mande qu'ele avoit si bien parlé à Jolet [3] qu'ele s'asuroit qu'à son retour il n'i aroit plus de prolongation à mes aferes, qui me fait croire que le sr de Clerevau [4] n'i ara esté guere bien resu. Le roi mon

---

1. Le sieur de Praillon est mentionné dans la lettre du roi de Navarre à Bellièvre, publiée d'abord par M. Halphen à la page 11, déjà citée, de son *Recueil* et republiée par Guadet (*Supplément* aux *Lettres missives*, t. IX, p. 9). Le même personnage figure dans les *Mémoires de la Huguerie* (t. I, p. 366; t. II, p. 407, note 2).

2. Bibliothèque Nationale, f. fr. 15 907, f° 766.

3. Pierre de Malras, baron d'Yolet, fut gouverneur de Buzet (diocèse de Toulouse) en 1572, et maréchal de camp en juillet 1575. Très attaché au roi de Navarre, il fut chargé par lui de diverses négociations. Il fut fort mêlé aux longs pourparlers relatifs à la réconciliation de son maître avec Marguerite. (Voir de nombreuses mentions de lui dans le *Recueil des Lettres missives*, notamment t. I, pp. 187, 214, 227, 320, 385, 606, 620, 645, et t. IX, p. 190.

4. Claude-Antoine de Vienne, seigneur de Clervaut, membre du Conseil d'État du roi de Navarre, fut, comme le baron d'Yolet, honoré de toute sa confiance et chargé de s'occuper de ses affaires soit auprès de Henri III et de Catherine de Médicis, soit auprès de Pomponne de Bellièvre et du maréchal de Matignon. Comme Yolet aussi, il prit grande part aux négociations qui amenèrent le retour à la vie commune du roi de Navarre et de Marguerite. (Voir à ce sujet le *Recueil des Lettres missives*, t. I, pp. 388, 475, 499, 534, 567, 599, 605, 608, 629, 638-640, 655.) On trouve un bel éloge de Clervaut dans une lettre d'Henri à Bellièvre, du 17 novembre 1584. (*Recueil* Halphen, p. 17), et un autre bel éloge du même dans les *Mémoires* de Mme de Mornay (dernière édition, I, 144).

mari a mandé à mon frere[1] par creanse de Mr de Laverdin[2] et ancore par intruction (*sic*) siné [pour *signée*] de lui qu'o [pour *qu'au*] retour du sr de Clerevaut, il me voiroit sans aucune remise et M. de Laverdin m'an a fort asuree par un jantillomme qui [pour *qu'il*] m'a anvoié, qui me fait avec l'esperance suporter mes annuis, desquels vous avès tesmongné resevoir tant de desplaisir que je ne crainderé de vous suplier de m'i continuer l'aide et secours de laquele pour jamès vous m'avés obligée de vous demeurer et de non [pour *nom*] et d'esfait

Vostre afectionnee et melleure amie,

MARGUERITE[3].

XI.

Monsieur de Believre, le sieur Praillon vous dira la responce que j'ai eue. Je voi bien que je ne puis fuir ni esviter le malheur de cete veue. Ce n'est le prumier et ne sera le dernier que je croi qui me viendera de tele part. C'est le propre de la fortune de dominer sur les actions exterieures, non sur les voulontés. Mes puisque ma vie est resduite à la condition de cele des esclaves, j'obeiré à la forse et à la puisanse à quoi je ne puis ressister, et estant ma misere telle, j'estime ancore avoir resu de l'heur par la venue du sr Parllon qui m'a donné asurance d'avoir relache de cete creuele (*sic*) contrinte jusques à la fin de ce mois, terme que si Dieu vouloit prolonger jusques à la fin de ma vie, bien que se feut an l'aberjant (*sic*),

---

1. Sur le séjour du duc d'Anjou en Gascogne pendant sept mois, voir ce que dit dans ses *Mémoires* Marguerite, à l'année 1581 (édition Guessard, pp. 172-175).
2. Jean de Beaumanoir, seigneur, puis (1601) marquis de Lavardin, maréchal de France, mourut à Paris en 1609. Il est une fois mentionné dans les Lettres de Marguerite (à la duchesse d'Uzès, de Nérac, 1580, p. 211 de l'édition Guessard) et plusieurs fois dans les *Lettres missives* (t. I à IX).
3. Bibliothèque Nationale, f. fr. 15907, f° 767.

je le tienderois à tres grant grase, tenant la mort et cete veue an mesme esgalité.

Je prie Dieu, Monsieur de Believre, qui vous conserve.

Vostre afectionée et milleure amie,

MARGUERITE [1].

XII.

Monsieur de Believre, je vous avois anvoié un laquais à Bordaux pour savoir la response que Prallon vous avoit raportee et voiant qui n'est [pour *qu'il n'est*] revenu, je crains qui ne vous a trouvé, aiant despuis su qu'esties aveques le roi mon mari, auquel j'anvoie ce porteur pour resevoir ses commandemans sur la resoluition (*sic*) qu'il ara prise avec vous, vivant avec tant d'annui que je ne puis avoir repos que je ne me voie hors de ce purgatoire, que je puis bien nonmer ainsi, ne sachant si vous me mesterés an paradis ou an anfer, mes quoi que ce soit il lest (*sic*) tres malaisé que ce soit pis que ce que despuis si [pour *six*] mois l'on m'a fait esprouver. Il se dit isi pleusieurs nouvelles de mon frere : je vous suplie m'escrire ce que an sarés. L'on dit ausi que Mr de Joieuse est mort [2].

---

1. Bibliothèque Nationale, f. fr. 15907, f° 768. De cette lettre où la plainte est si désespérée et si émouvante, on peut rapprocher une autre lettre d'une éloquente énergie (« A la Royne, ma dame et mère ») qui a été publiée par M. Ph. Lauzun (p. 32) et dont il dit (note de la page 33) : « Cette lettre, si remarquable à tant d'égards, est une des plus dignes et en même temps des plus douloureuses de toutes celles qu'ait écrites la reine de Navarre. » En voici les premières lignes : « Madame, puisque l'infortune de mon sort m'a resduite à telle misere que je ne suis si heureuxse que dessiriés la conservation de ma vie, o moins, Madame, pui je esperer que vous la vouderès de mon honneur pour estre telemant uni avec le vostre et celui de tous ceux et celes à qui j'ai cet honneur d'appartenir que je ne puis resevoir de honte qui n'an soit participans... »

2. S'il s'agit là du vicomte Guillaume de Joyeuse, maréchal de France (1579), rappelons qu'il ne mourut qu'en 1592. S'il s'agit de son fils le duc Anne de Joyeuse, amiral de France, un des mignons du roi Henri III, rappelons qu'il fut tué à la bataille de Coutras (20 octobre 1587).

Dieu veulle que se soit le plus grant annui que la roine ma mere ait de cete année ! Je croi que sa rate ne lui an anflera point[1]. L'on s'a fait bruit despuis quelques jours de gaire [pour *guerre*], mes Dieu mersi cela s'apaise, j'estime que ce seroit le mal de toux. Dieu veulle qu'en faisant la paix particuliere vous aïés l'honneur de faire ausi la generale comme je m'asure qu'en estes très dessireux. J'ai resu des lettres de M. de Laverdin qui me mande qui l'arrivera [pour *qu'il arrivera*] an mesme tans que vous o [pour *au*] Mon de Marsan. J'an suis tres aise, car il la (*sic*) bonne voulonté et nous aidera fort. Je vouderois estre si heureuse d'avoir quelque moien de vous servir. Ce seroit de tres bon ceur (*sic*) et de mesme affection que je vous suplie me tenir pour

Vostre afectionné (*sic*) et milleure amie,

Marguerite[2].

XIII.

Monsieur de Believre, je suis infinimant marie que ma despaiche aie esté tant retardee pour i estre la deslijanse plus requise. Ce porteur vous an dira l'ocasion, qui est tele que de plus grans que moi l'ont quelquefois sanblable. Bien vous prirai je de croire que ce n'est par faute d'afection de servir à une si bonne euvre ni pour n'i avoir asés de soin, car je n'ai, despuis vous avoir laisé, pasé heure du jour sans panser au malheur que tel actidant (*sic*) pouroit aporter à ce roiaume et à moi particulieremant qui de leur union dois esperer tout mon tour. Je vous anvoie la lettre de mon frere toute ouverte. Je vous prie la voir et me continuant les bons ofises desquels je vous suis desja si obligee vouloir temongner au roi de quel pié g'i marche. Je vous an resteré plus redevable, mes non plus

---

1. On remarquera cette familière et pittoresque expression qui, comme un éclair de gaieté, traverse une lettre qu'assombrissent les plaintes de Marguerite touchant ses ennuis et son purgatoire.
2. Bibliothèque Nationale, f. fr. 15907, f° 769.

dessireuse de m'an revancher, car, si j'an avois les moiens esgaux à la voulonté, jamès moins d'ingratitude ne se reconnut an personne que vous an jugeriés an moi, qui vous prie me vouloir pour jamès tenir pour

Vostre milleure et plus asuree amie.
MARGUERITE[1].

XIV.

Monsieur de Believre, nous avons eu une bien courte joie ayant hier sui la nouvele de la reddition de Mande[2] et anouit cele de la prise de Perigeux[3] (*sic*) que je ne vous dire point quel esfait an est reusi an cete conpagnie, car vous y avès esté trop long tans pour n'an pouvoir juger, et si chose de moindre inportance donne l'alarme, à plus forte raison la doit on prandre de cete si. Je vous suplie, faites que le roi an fase quelque desmontration de quoi il se puiset contanter, car autremant croiés qui [pour *qu'il*] n'an aviendera rien de bon. Le tans est venu que l'on doit remestre les maisons du roi

---

1. Bibliothèque Nationale, f. fr. 15907, f° 770.

2. Au sujet de la prise, ou, pour mieux dire, de la *surprise* de la ville de Mende par le capitaine protestant Mathieu de Merle pendant la messe de minuit (25 décembre 1579), il faudrait citer tous les chroniqueurs contemporains, à commencer par Merle lui-même, dont la *Biographie*, par le capitaine Gondin, selon Berger de Xivrey (I, 173, note 6), l'*autobiographie*, selon le baron de Ruble, éditeur de La Huguerye (II, 101, note 2), a été publiée, pour la première fois, par le marquis d'Aubais dans les *Pièces fugitives pour servir à l'histoire de France* (t. II) et a été, depuis, réimprimée dans toutes nos collections de Mémoires. Contentons-nous de renvoyer aux nombreux documents du *Recueil des lettres missives*, notamment aux lettres de janvier 1580 (t. II, pp. 262-263, 268-271, etc.).

3. La villle de Périgueux avait été prise par les huguenots, commandés par le capitaine Langoiran, en août 1575, et reprise par les catholiques en juillet 1580. (Voir sur cet événement que le roi de Navarre appelle l'attentat de Périgueux, outre les récits des deux grands historiens, le président de Thou et Agrippa d'Aubigné, plusieurs des *Lettres missives* du roi Henri IV (t. I, pp. 339, 394, 397, 400, etc.).

mon mari¹. Je vous suplie, tenés la main que l'on ne lui an fase
difiguleté (*sic*), car, après sesi de Perigeux, ce seroit le mestre
au dessespoir. Cete antreprise s'est faite fort mal à propos, car
les aferes prenoit isi le train que nous eusions peu dessirer,
mesme despuis que nous avions su qu'an Dofiné la paix s'i
resevoit. Se porteur est si sufisant et bien instruit que me
remestant desur lui je vous prirai de faire estast (*sic*) de mon
amitié et croire que je vous demeureré à jamés

Vostre milleure et plus asuree amie.

Marguerite².

XV.

Monsieur de Believre, j'escris cete letre à l'avanture, ne
sachant si ele vous trouvesra ancore à Bordaux³ pour le
bruit qui court qu'estes acheminé vers le Mon de Marsan, ce
que je ne puis croire, m'asurant que m'eusiés fait ce bien de
m'avertir de la reseption des nouveles qui vous euset [pour
eussent] fait partir. Toutefois je le dessirerois, car quant vous
marcherés je m'asure que je pouré avoir toute asuranse de ce
que je dessire. Je vous suplie, si estes ancore à Bordaux, m'o-
bliger tant de m'escrire ce que arès apris pour mes aferes, de
quoi la longeur m'acable telemant que je panse que j'en démeu-
reré sous le fais. La letre qu'il a pleu à la roine m'escrire m'a
beaucoup consolée, comme celes ausi que je resoi de vous qui

---

1. Ces maisons sont ainsi énumérées dans une lettre du roi de Navarre
au duc de Montpensier, du 1ᵉʳ novembre 1580 (*Lettres missives*, I, 322) :
« Meilhan, Vic-Fezensac, Auvillars, Mont-de-Marsan. » Sur ces maisons,
comme sur l'affaire de Mende, voir aussi, dans le *Recueil* Halphen, une
lettre à Bellièvre du 28 juillet 1584, p. 10.
2. Bibliothèque nationale, f. fr. 15907, f° 771. Cette lettre, qui est
une importante page d'histoire, a été probablement écrite dans les pre-
miers jours de janvier 1584.
3. Sur le séjour de Bellièvre à Bordeaux, voir dans le *Recueil* Halphen,
une lettre du roi de Navarre du 23 octobre 1584 (p. 43).

aquiert sur moi une si grande obligation qu'il est inposible que j'an perde jamès la souvenanse, resantant telemant la paine que prenés pour moi et l'afection que me tesmongnés qui ne sera jamès que je ne reconnoise et n'avoue conbien je vous suis tenue et que je ne dessire autant que la conservation de ma vie les moiens de m'an pouvoir revancher. Ceux de la religion de ses (*sic*) contrees tient (*sic*) que le roi mon mari sera dans peu de jours à Nerac, la oui (*sic*) il diset qui (pour *qu'il*) fait aconmoder quelque sitadelle et qu'estant achevee i m'i viendera resevoir. Je croi que ce sont ces garnnisons qui l'y ont convié. J'atans le retour d'un jantilhomme que je lui ai anvoié; ce qui [pour *qu'il*] m'aportera, je le vous feré antandre. Je vous suplie me tenir pour

Vostre afectionnee et milleure amie,

Marguerite [1].

XVI.

Monsieur de Believre, je n'é peu respondre à vostre derniere letre pour un rume que j'avois qui despuis ouit [pour *huit*] ou dis jours m'a fort tourmantee; ausi que n'aiant jusques à hier rien apris de nouveau, j'estimois mes letres superflues pour ne pouvoir estre ramplie que des redites des plaintes de ma misere, mes hier M. de Roques [2] vint de Po (*sic*) qui m'aporta des letres du roi mon mari par lesqueles il

---

1. Bibliothèque nationale, f. fr. 15907, fo 772.
2. Jean de Secondat, seigneur de Roques, conseiller maître d'hôtel du roi de Navarre, était, comme l'écrit Henri à Catherine de Médicis le 24 mai 1584, « l'ung des plus anciens serviteurs de ma maison. » (Voir *Recueil des lettres missives*, t. I, p. 662.) Dans le tome VIII (p. 653), on trouve un billet du roi « à M. de Roques », du 2 février 1580. (Voir d'autres nombreuses indications à la *Table générale des matières* (t. IX, p. 884) où on l'a inexactement appelé *sieur de La Roque*. Voir une note sur Jean de Secondat dans les *Lettres françaises inédites de Joseph Scaliger*. (Agen, 1881, p. 105.) Secondat, parent par alliance du docte Scaliger, est plusieurs fois mentionné dans ce dernier recueil.

m'asure de beaucoup de bonne voulonté, et de bouche par le mesme, il m'a mandé ausi forse bonnes paroles, Madame la prinsesse Frontenac ausi et Armagnac me confirme cela mesme, il l'a [pour *il a*] despaiché Le Plaisis, à ce que l'on dit, à la Court : [t]oute fois il ne me le mande pas. Je ne vous donneré avis sur ce que vous devés faire, estant plus tost moi qui le vouderois prandre de vous. Vous m'avés quelquefois fait ce bien de me promestre de vous vouloir amploier pour mes afères, et ancores que m'aiés une fois dit, vous en parlant, que je me servise de mon credit, je ne laiseré tout la confianse que j'ai an l'asurance de vostre bonne voulonté, et ausi que je m'asure que voulés estre tenu pour veritable, de vous suplier, suivant ce que vous avés dit et au roi mon mari et partout que le roi m'avoit donné deux sans mille frans, faire qui soit vrai et que il plaise au roi an tirer un contant, comme Mr de Videvile m'a dit se faire d'ordinere et me l'a ballé [pour *baillé*] tout dresé [pour *dressé*]. Je vous suplie donc lui an vouloir escrire et que je connoise an cela que j'ai aucasion de me louer du bien que vous dites que l'on m'a fait, que je n'ai joui jusques isi qu'an idée, mes bien ai je eu le mal reelemant. Si vous faites tant pour moi, je l'estimeré à tres grande obligation et rechercheré toux moiens de m'en revancher, priant Dieu, Monsieur de Believre, vous donner bonne et longue vie.

Vostre afectionnee et meilleure amie,

MARGUERITE [1].

XVII.

Monsieur de Believre, aiant trouvé cete conmodité, je n'ai pansé la devoir perdre pour vous dire que j'ai resu les letres

---

[1]. Marguerite parle (*Mémoires*, p. 35) de « Armagnac, premier vallet de chambre de mon mary », et raconte qu'elle lui sauva la vie le jour de la Saint-Barthélemy. Voir sur Ysoré-Jean d'Armagnac le *Recueil des lettres missives*. (t. II, III, IV, VIII, *passim*.)

[2]. Bibliothèque Nationale, f. fr. 15 907, f° 773.

que m'avés escrités par du Lorans et antandu de lui toutes les părticularités dont l'aviés chergé qui me sont beaucoup de consolation et d'esperanse an mes aferes, louant Dieu qu'il lui ait pleu de changer le ceur du roi anvers moi qui ne mesrite jamès ni le mal que j'ai eu ni sa haine, resantant ausi à la roine une tres grande obligation du soin qui li (pour *qu'il lui*) plait avoir de moi et de l'afection qui lui plait me montrer. Avec telles reconmandations la miene sera bien superflue. Toutefois estant chose qui me touche tant, vous escuserés mon inportunité si je vous suplie avoir pitié de mon afliction et m'i secourir selon l'asurance que j'ai de vostre bonne voulonté, à quoi je reconnois avoir une si extreme obligation que je ne dessire rien plus que de m'an pouvoir revancher an chose qui vous peut tesmongner mon peu d'ingratitude et vous faire connoitre conbien je vous suis

Vostre afectionnee et milleure amie,
MARGUERITE[1].

XVIII.

Monsieur de Bellievre, ce porteur est arivé apres que j'ay eu fait la despaiche de Montigni[2] par lequel je vous ai escrit et lequel j'anvoie pour resevoir le conmandemant qu'il plaira au roi mon mari me faire, apres la resolution que je me veux promestre qui [pour *qu'il*] prandera avec vous, de quoi la letre qui [pour *qu'il vous*] a escrite me donne tres bonne esperanse, mes plus ancore la bonne voulonté que vous i aportés an laquele j'ai tele confianse qu'il ne m'eut seu ariver

1. Bibliothèque Nationale, f. fr. 15 907, f° 775.
2. Deux Montigny sont mentionnés dans les *Mémoires* de la reine de Navarre, Floris de Montmorency, baron de Montigny (p. 97), et Emmanuel de Lalain, baron de Montigny (pp. 93, 101, etc.). Mais il ne s'agit pas ici de ces grands seigneurs des Pays-Bas. Le *Montigny* en question est le gentilhomme qui figure si souvent dans les *Lettres missives*, Louis de Rochechouart, seigneur de Montigny, qui fut le fidèle serviteur du roi de Navarre et qui fut chevalier des ordres, capitaine de cinquante hommes d'armes, gouverneur de Metz, etc., mort en 1627.

une plus grande consolation an mes malheurs, la trop longue durée desquels prandera, comme je l'espere, par vostre moien, une bonne et pronte fin, de laquele j'an deveré à vous seul atribuer l'honneur, comme à vous seul ausi an resantiré l'obligation si grande que je n'ai plus de regret à aucune de mes miseres qu'à me voir sans moien de m'an pouvoir dignemant revancher, selon que g'i suis redevable, et comme j'an ai la voulont[é]. Je n'euseré donc de plus longue persuation pour vous suplier d'avoir pitié de mes annuis, voiant conbien vous les resantés et le soin que vous avés de m'i aider. Bien vous diré je que ne pouvés vous anploier pour personne qui esprouve plus d'affliction et de maux. Dieu y veuille mestre une fin, et me donne la grase de vous temo[n]gner mon peu d'ingratitude an chose qui vous peut aporter autant de bien et de contantemant que vous an dessire

Vostre afectionnee et milleure amie,
MARGUERITE [1].

XIX.

Monsieur de Believre, je ne vous ai peu plustost anvoier mes letres pour ce que je me suis trouvé fort mal de mon rume [2] qui m'a ausi anpaichee de pouvoir escrire aux dames à qui je vous avois dit que j'escrirois. Je vous suplie leur an faire mes escuses et me vouloir faire an tout (sic) cete conpagnie là ofise d'ami, comme je sai que le pouvés et comme je m'asure que me l'estes, et faire estat de mon amitié comme de cele qui vous veut demeurer

Vostre milleure et plus asuree amïe,
MARGUERITE [3].

1. Bibliothèque Nationale, f. fr. 15907, f° 776.
2. Les chercheurs de détails minutieux et réalistes pourront constater que la reine de Navarre était assez souvent enrhumée. Elle dit dans ses *Mémoires* (à l'année 1575, p. 70) : « Faisant estat, bien que je fusse encor mal de mon rheume, mais plus malade en l'ame qu'au corps de l'ennuy qui me possédoit, de sortir ce jour-là de ma chambre. »
3. Bibliothèque Nationale, f. fr. 15907, f° 777.

XX.

Msnsieur de Believre, je vous remersie de la paine qu'avès prise de m'anvoier mes letres. Dans celes de la roine ma mere, il i a de fort bonnes nouveles de mon frère[1], de quoi je loue Dieu. Je n'i ai point fait de raiponse à toutes pour ce qu'eles le sont des mienes presedantes, et ausi pour ce que j'ai escrit annouit à la roine par Mʳ de la Mote Fenelon[2], où je feré fin et vous suplie me tenir pour

Vostre afectionnee et milleure amie,

MARGUERITE[3].

XXI.

Monsieur de Believre, je loue Deieu (*sic*) de l'asurance que me donnés de l'amandemant de la santé de mon frère[4], ce qu'il m'avoit mandé par des nouvelles que j'an ai eues ses jours isi, qui n'estoit toutefois si fraiche (*sic*) de catre jours que les vostre. Mʳ le marechal de Biron[5] ausi m'an avoit escrit autant.

1. Le duc d'Anjou était alors probablement en Flandre (1582-1583); il allait mourir à Château-Thierry le 10 juin 1584.
2. Bertrand de Salignac, marquis de la Mothe-Fénelon, ambassadeur en Angleterre (1572-1574) mourut le 13 août 1599. (Une faute d'impression du *Dictionnaire historique de la France* le tue deux ans plus tôt.) — Voir sur ce diplomate une longue note dans le t. I des *Lettres missives* (I, 136-137.)
3. Bibliothèque Nationale, f. fr. 15907, fº 778.
4. *Amendement* trompeur, comme il arrive presque toujours chez les phtisiques.
5. On sait que le maréchal de Biron avait accompagné Monsieur dans sa fatale expédition, ce que Marguerite, en ses *Mémoires* (p. 172), rappelle en ces termes : « Ayant en ce voyage [le voyage de Gascogne en 1584] acquis ce grand cappitaine, Monsieur le mareschal de Biron, qui se voua à luy pour prendre la charge de son armée de Flandres ». On voit par ce que la reine de Navarre dit de sa correspondance avec son ancien adversaire qu'elle lui avait pardonné le coup de canon de Nérac, coup qui, selon la remarque de M. de Ruble, le savant éditeur et commentateur de l'*Histoire universelle*, d'Agrippa d'Aubigné (t. VI, p. 46, note 3), « offensa la reine Marguerite plus qu'il ne lui fit du mal ».

je vous resans beaucoup d'obligation de la paine qu'avés voulu prandre de me faire part des vostres. Quant à ce qui [pour *qu'il*] vous plait me mander pour mon afaire du sel, vous voirés par le mesmoire si anclos ce que j'an puis faire, à quoi je vous suplie m'obliger tant d'i vouloir tenir la main selon la puisance que je sai qu'i avès, dessirant infinimant que sela se puisse achever et que le s^r Samet[1] le preigne. Si j'avois quelque moien de vous servir et me revancher de tant de bons ofises, croiés, je vous suplie, que se seroit avec beaucoup d'afection, comme celle qui dessire vous demeurer

Vostre afectionnee et milleure amie,

MARGUERITE[2].

XXII.

Monsieur de Believre, j'ai infinimant regreté que vostre partemant aie esté si haté que je n'aie eu moien de vous dire adieu pour infinies particularités (*sic*) que de bouche se pouroit mieux respresanter que par escrit. Vostre elonguement aporta quelque soupson, mesme voiant qu'an mesme tans il li eut [*sic* pour *il y eut*] des remumans an baucoup d'androis an se peis, mes voiant que tout sela s'an est alé an fumé et aiant su comme vous aviés anpaiché le marechal de Biron de venir à Bordaux, ou l'on s'a [pour *l'on a*] reconnu que vostre voiage n'estoit que pour l'aucasion que vous aviés escrit, ce qui a fort servi à anantrenir (*sic*) le roi mon mari an la bonne voulonté qui la [pour *qu'il a*] à la paix, que je panse tres asuree, prouveu que les aferes de Daufiné s'aconmodent par la douseur et non par la forse, car c'et le seul pretecset de quoi se servet ceux qui ont anvie de nous remestre à la gaire. Je vous prie donc vouloir i remesdier. Je vous ai escrit par Fredeville[3], mes

1. Il s'agit là du fameux financier Sébastien Zamet, né à Lucques au milieu du seizième siècle, mort à Paris le 14 juillet 1614. Zamet était fermier du sel, comme on le voit dans les *Lettres missives* (t. IX, p. 12).
2. Bibliothèque Nationale, f. fr. 15 907, f° 779.
3. Fredeville est mentionné dans la lettre de Marguerite à Pibrac (édi-

je crain bien qui ne vous ara peu trouver, de quoi je serois fort marié, lui aiant ballé la lettre de mon frere toute ouverte pour la vous faire voir. Croiés, je vous prie, que je ne dessire pas plus mon salut que l'union du roi et de lui. Que si le roi mon mari estoit si heureux que de pouvoir faire le tiers, je m'estimerois la plus fortunee fame du monde. Je vous prie, me continuant les bons ofises desquels je vous suis desja si obligee, vouloir faire connoi[t]re au roi mon intention tele que vous l'avés peu juger par mes desportemans et l'asurer que toux mes dessir (sic) ne tandet à autre fin qu'à aquerir sa bonne grase comme toute (sic) mes actions lui an randeront tourjours preuve. J'ai donné cherge [pour *charge*] à ce porteur qui m'est fidele de s'adreser à vous pour l'asurance que vous m'avés donnee de vostre amit[i]é, que je vous prie de croire n'an porterés jamés à personne qui vous estime et honore davantage comme je donne cherge à ce porteur le vous dire de ma part. Vous le croirés donc, si vous plait, et me tienderés pour

  Votre milleure et plus asuree amie,

      MARGUERITE.

Je vous suplie me vouloir aider an mes aferes et vous resouvenir de la promese que m'an fites à Libourne [1]. J'oubliois à vous reconmander une afaire pour une dame, qui est chose tres juste. Je vous suplie m'i aider et faire en sorte, puisqu'ele s'an est adresee à moi, qu'an chose si raisonnable je n'i sois si desfavorisee qu'ele ne puise obtenir ce qu'ele demande. Le porteur vous dira que s'est [2].

---

tion Guessard, p. 217, et dans la réponse de Pibrac où (p. 238) on lit : « J'estime le sieur de Fredeville, gentilhomme et homme de bien. »

 1. D'Aubigné (*Histoire universelle*, t. VI, p. 95) signale le séjour, en 1580, du duc d'Anjou à Libourne et Coutras, et (p. 155) sa rencontre en la première de ces villes (avant le 8 janvier 1581) avec le roi et la reine de Navarre, Catherine de Bourbon et le prince de Condé. On voit par le P.-S. de Marguerite que Bellièvre y était aussi.

 2. Bibliothèque Nationale, f. fr. 15 907, f° 781.

XXIII.

Monsieur de Believre, aiant resu cete letre de Monsieur le marechal de Matignon[1], il m'a samblé la vous devoir anvoier afin que, si vous le trouviés bon, par la despaiche que vous faites à la court vous en pusiés avertir, pour anpaicher que par lui l'on ne mandat rien de contrere à ce que vous portès, car cela renderoit vostre voiage du tout inutile. Je vous suplie donc i prouvoir [pour *pourvoir*]. Se [pour *ce*] Salestes[2], qui va la, est un omme comme Obigni qui avoit esté nouri pour estre ministre et despuis s'est mis aux afaires. Je m'anpaicheré bien de l'anvoier querir, car je suis de l'opinion de Monsieur le Marechal. J'ai veu Montagne despuis que vous estes parti, qui m'a mis an peine craignant que par sous main l'on mande au roi mon mari quelque chose de contrere à ce que vous portès. Je vous suplie d'i avoir l'œill, et, si vous plait, faire vostre despaiche si prontemant qu'ele arive avent Saletes (*sic*). J'ai tant d'esperanse an la bonne volonté que m'avés promise et l'afection que m'avés montree avoir à me tirer hors de paine, qu'apres Dieu g'i mes toute ma fianse. Je vous suplie donc ne vous laser d'obliger cele qui le resantira à jamès pour s'an revancher et vous demeurer,

Vostre milleure et plus asuree amie,

MARGUERITE[3].

XXIV.

Monsieur de Believre, je ne doute point que ce porteur ne

---

1. Marguerite mentionne dans ses *Mémoires* (p. 150) « Monsieur de Matignon, qui n'estoit encore mareschal, un dangereux et fin Normand. »
2. Ce nom est écrit un peu plus loin *Salettes*. Serait-ce le même que Jean de Salettes, qui figure dans les *Mémoires de la Huguerye* (II, 373) comme représentant du roi de Navarre à la cour? C'était un maître des requêtes du Béarnais.
3. Bibliothèque Nationale, f. fr. 15907, f° 783.

vous trouve aveque la roine pour cete aucasion. Je ne le veux laiser aler sans vous ramantevoir les promeses que m'avés faites de lui tesmongner ma volonté à son tres humble servise. Monsieur le Marechal vous mandera toutes nouveles et vous voirés ce que j'escris à la roine, qui m'anpaichera de vous faire redite. Croiés, je vous suplie, que vous n'avés amie au monde qui estime plus vostre amitié ni qui la dessire plus conserver que

    Vostre milleure et plus asuree amie,

        MARGUERITE.

Je vous anvoie la letre pour la roine ma seur [1] que j'avois oubliée [2].

---

[1]. Élisabeth de Valois, mariée en 1559 à Philippe II, roi d'Espagne. Feu le marquis Du Prat lui a consacré tout un volume grand in-8°, et M. de Ruble quelques pages qui nous apprennent plus de choses, surtout plus de choses précises, que l'ample monographie de son devancier.

[2]. Bibliothèque Nationale, f. fr. 15907, f° 784.

APPENDICE

I.

A Catherine de Médicis.

Madame, Jolet [pour Yolet] vous dira l'honneur et bonne chere que j'ai resue du Roi, mon mari et mon ami [1], et le contentement auquel je suis, qui seroit parfaict si je vous sa-

---

1. Cette *bonne chère* laissa fort à désirer, si l'on en croit ce curieux récit d'un témoin oculaire, Michel de La Huguerye (*Mémoires*, t. II, pp. 314, 315) : « Le lendemain matin, estant encore en ma chambre [à Nérac], S. M. m'envoya appeler ; et je le trouvay à cheval entre la hale et mon logis. Et s'approchant de moy me deist : *La Huguerye, je ne vous pourray voir aujourd'huy, pource que je m'en vais recepvoir ma femme au Port-Sainte-Marie, et passeray tout ce jour en cet affaire-là...* Peu après que j'eu laissé led. s^r Du Pin, le roy et la royne sa femme arrivèrent, environ les quatre heures, et furent tous deux seuls se promenant en la galerie du chasteau de Nérac jusques au soir, où je veis ceste princesse fondre incessamment en larmes, de telle sorte que, quand ilz furent tous deux à table, où je les voulu voir (c'estoit fort tard, à la chandelle, en ce temps-là), je ne vey jamais visage plus lavé de larmes ny yeux plus rougis de pleurs. Et me feyst ceste princesse grande pitié, la voyant assise près du roy son mary, qui se faisoit entretenir de je ne sçay quelz discours vains par des gentilzhommes, qui estoient à l'entour de luy, sans que luy ny aultre quelconque parlast à ceste princesse, qui me feist bien juger ce que Du Pin m'avoit dict que c'estoit par force qu'il l'avoit receue. Et soubdain qu'ilz furent levez de table, je me retiray, prévoyant que ceste réconciliation-là ne dureroit guères et que tel traictement fereit prendre à ceste princesse nouveau party au trouble qui alloit esclorre. » M. Ph. Lauzun (*Lettres inédites de Marguerite de Valois*, p. 35, note 1), met au 13 avril 1584 l'entrevue au Port-Sainte-Marie des deux époux si mal réconciliés.

vois, Madame, et mon frère an bonne santé, mes avecq tele doute je ne puis vivre qu'au extreme paine, car il n'est jour que l'on n'an fasse courir bruis, qui me donnet de tres creueles aprehensions, ancore que celui que m'envoie Monsieur mon frere m'ait asuré qu'il l'avoit laisé sans fievre et vous, Madame, dict on, hors de mal, comme il vous a pleu me escrire, de quoi je loue Dieu et le suplie, Madame, vous donner en santé tres longue et tres heureuse vie.

Vostre très humble et tres hobeissante servante, fille et sugete.

MARGUERITE.

Je vous suplie tres humblement vous vouloir resouvenir de Monsieur de F... pour... Il a bien servi et eu peines [1]... ancore tirer de misere [2].

II.

Au roi Henri III.

Monseigneur, je loue Dieu que je soys si heureuse que reseviés plaisir du contentement ou je suis avec le Roy mon mary. Et le supplye qu'il luy plaise nous maintenir en ceste bonne vollunté aussy long temps comme je suis tres resollue, Monseigneur, de vous demourer pour jamais tres humble servante ainsi que le devoir me le commande et tienderè à tres grande fellicité qu'il vous plaise le croyre ainsy et m'honorer de vostre bonne grace de voz commandemens ou je rendray tous-

1. Les points désignent les mots qui manquent dans l'autographe où le *post-scriptum* est fort endommagé.
2. Bibliothèque impériale de Saint-Pétersbourg, registre coté sous le n° XLVI, pièce 23. Ce qui explique pourquoi cette lettre n'a pas été reproduite dans le recueil de M. Ph. Lauzun, c'est qu'elle a, par inadvertance, été mêlée aux lettres d'une autre Marguerite, *Marguerite de France*, qui ont été publiées par M. Jean Loutchizki, le docte professeur de Kiev, et par moi dans la *Revue historique*, où nous avons aussi publié ensemble des *Lettres inédites du cardinal d'Armagnac*, venues également de la Bibliothèque impériale de Saint-Pétersbourg.

jours, Monseigneur, tres humble et fidelle obeissance comme celle que le Ciel a faict naistre vostre tres humble et tres obeissante seur et subgete.

MARGUERITE [1].

III.

Au même.

Monseigneur, j'ai antandu par Monsieur de Believre la cherge qui vous a pleu lui donner pour me remestre avec le roi mon mari en quoi il m'asure qui n'a rien oublié pour esffectuer vostre intention et bonne voulonté dont je vous remersie tres humblemant vous supliant tres humblemant i[2] continuer et me conserver an vostre bonne grace comme vostre tres humble et tres obeissante servante, seur et sugete.

MARGUERITE [3].

IV.

A mon cousin Monsieur le Marquis de Villars, admiral de France [4].

Mon cousin, sçachant que le Roy mon mary vous escript avecques une singulliere priere d'avoir pour recommendé la

---

1. Bibliothèque Nationale, f. fr. 15 907. Au dos est écrit : *Pour envoyer à Monsieur de Bellievre. La Royne de Navarre au Roy apres sa reconcilliation.* Rappelons que, dans une lettre du recueil Halphen (p. 44), republiée par Guadet (*Supplément*. t. IX, p. 9), Henri insistait auprès de Bellièvre pour que l'affaire des garnisons fût réglée « affin que je puisse recevoir ma femme, à mon plaisir, en ma maison de Nerac » et protestait contre la volonté qu'avait Henri III de ne « mesler et confondre le faict des garnisons avec celuy qui concerne ma femme, pour lequel vous avez esté envoyé devers moy. »

2. On voit que Marguerite reste fidèle à l'*i*, comme son mari devait rester fidèle à l'*y*. Ce furent là leurs plus grandes *fidélités*.

3. Bibliothèque Nationale, f. fr. 15 571; f° 247. Le billet est entièrement autographe.

4. Honorat de Savoie, comte de Tende et de Sommerive, est mentionné dans les *Mémoires* de Marguerite (p. 159), où l'on voit qu'en 1579 Cathe-

protection du sieur de Rocques, son maistre d'ostel¹, qui s'en retourne a present par delà, et me semblant que ce qu'il ayme et favorise se peult bien estre aussy de moy, je seray tres aize que vous voulliez croire qu'en tout ce que pourrez luy departir de soustien et faveur pour le conserver avecques sa maison selon que le Roy Monseigneur veult que le soyent ceulx qui le recongnoissent avecques l'obeissance et fidelité qu'ilz doibvent, je le prandray à bien grand plaisir et vous en priray d'aultant plus volontiers que je tiens ledict sieur de Rocques de ce nombre et personnaige qui fera tousjours apparoistre par ses deportemens, comme il a faict jusques icy et par ces anciens et bons services estre bien digne de ceste recommandation, priant Dieu, mon cousin, qu'il vous ayt en sa tres saincte garde.

Escript à Paris le [en blanc]¹, jour d'octobre 1572 [de la main de la reine] : Vostre bonne cousine,

MARGUERITE².

rine de Médicis, à la prière de son gendre, changea le *lieutenant de Roy* en Guyenne, « ostant Monsieur le marquis de Villars pour y mettre Monsieur le mareschal de Biron ». L'éditeur des *Mémoires* dit inexactement (note 2) que c'était André de Brancas, et sa méprise a été souvent reproduite. Sur l'amiral de Villars, on peut voir les *Documents inédits pour servir à l'histoire de l'Agenais* (pp. 111-118), et surtout *Les comtes de Tende de la maison de Savoie*, par le comte de Panisse-Passis (Paris, 1889, in-f°).

1. Voir (*Lettres missives*, t. I, p. 49) la lettre (du 22 octobre 1572) : *A mon cousin Monsr le marquis de Villars, admiral de France, lieutenant general de Roy mon seigneur, au gouvernement de Guyenne, en mon absence.* On trouve diverses autres lettres à ce personnage dans le même volume (la première est du 24 janvier 1571, la seconde, du 6 février 1571, la troisième, du 6 août 1571 (pp. 14, 15, 26), etc.

2. La lettre a dû être écrite le même jour que celle du roi de Navarre, 22 octobre.

3. Bibliothèque Nationale, f. fr. 3224, f° 44.

www.ingramcontent.com/pod-product-compliance
Lightning Source LLC
Chambersburg PA
CBHW060957050426
42453CB00009B/1206